QUELQUES ANCIENNES STATUES

DES ÉGLISES RURALES

DU DIOCÈSE DE REIMS

(Marne et Ardennes)

Par M. Henri JADART

Secrétaire général de l'Académie Nationale de Reims

REIMS

IMPRIMERIE DE L'ACADÉMIE

24, rue Pluche, 24

—

1905

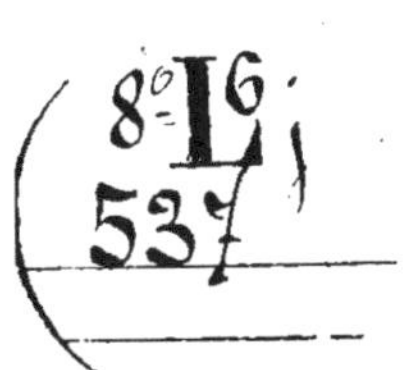

QUELQUES ANCIENNES STATUES

DES ÉGLISES RURALES
DU DIOCÈSE DE REIMS

(Marne et Ardennes)

Communication de M. HENRI JADART, Secrétaire général,
à la Séance de l'Académie de Reims, du 14 Avril 1905 (1).

L'Exposition rétrospective de l'Art français, qui fut tant
visitée et admirée au Petit Palais des Champs-Elysées lors
de l'Exposition universelle de 1900, contribua à remettre
en honneur les types anciens de notre statuaire fran-
çaise du moyen âge, que l'on estimait uniquement aupa-
ravant, pour sa grâce et sa naïveté. On comprit alors
qu'il y avait dans ces vieux modèles de l'art véritable,
et principalement ce que l'on recherche et étudie depuis
avec passion, de l'art des Primitifs. Aussi, lorsque s'ou-
vrit, en avril 1904, une nouvelle exposition à Paris,
celle qui prit fièrement le titre d'Exposition des Primitifs, un concours et un enthousiasme sans mélange se
manifestèrent devant ces panneaux de peintures si
expressives, devant ces toiles et ces tapisseries, ces
figures et ces statues dont une élite seulement avait été
admise au pavillon de Marsan.

La vogue dure encore, elle est entraînante, elle s'étend
non pas uniquement aux pièces précieuses et inaliéna-
bles de nos musées qui appartiennent à tous, mais aux
raretés des collections particulières, aux objets précieux
des trésors de nos cathédrales et des nefs de nos moindres

(1) Reproduite dans le *Courrier de la Champagne* du lundi 29
mai 1905.

églises rurales. La curiosité des amateurs veut tout voir, et trop souvent l'avidité des collectionneurs veut tout avoir. Là est le malheur, le grand malheur de ces attractions qui se propagent aujourd'hui à l'infini, non plus dans une classe restreinte d'hommes studieux comme autrefois, mais se communiquent aux curieux du monde entier et surtout à ceux du Nouveau monde, lequel, par sa richesse pécuniaire, se croit en mesure de dépouiller l'ancien monde de ses richesses artistiques. Comment arrêter cet élan, qui fait monter le prix des moindres sculptures d'art à des taux fabuleux? L'appât de l'or serait-il irrésistible auprès de tous les possesseurs? C'est à craindre. Nous voudrions, du moins, qu'un sentiment de protection, de respect, et d'un intérêt à la fois religieux et patriotique, assurât la permanence des œuvres d'art dans les établissements publics de notre pays, particulièrement dans les églises dont ces œuvres sont et doivent rester la parure séculaire. Maintenons nos églises dans leur intégrité, dans leur caractère traditionnel et artistique. Quelles que soient les difficultés en cours, il faut garantir notre patrimoine national. Personne ne doit appauvrir sa patrie.

Ce sont les statues qui provoquent en ce moment la convoitise ardente et les surenchères des solliciteurs les plus aptes à ces opérations d'un mercantilisme sans limites. Ils font leur métier. Leur zèle progresse toujours et négocie sans relâche à l'aide des prix fabuleux qu'ils peuvent offrir, menaçant ainsi d'une séduction captivante les plus pauvres églises et les moins défendues, nos églises rurales. Entre temps, les niches des vieilles maisons des villes sont dégarnies de leurs figures gothiques et de ces mille débris qu'elles avaient recueillis à la Révolution ; les façades des rues de nos villages

perdent aussi leurs décorations de sculptures rapportées,
frises et bas-reliefs si délicats, incrustés jadis par le
maçon qui les avait sauvés de la ruine d'un château ou
d'une chapelle du voisinage. Tout cela est acquis à
beaux deniers comptants, expédié au loin à une agence
qui les centralise pour l'Angleterre ou pour les Etats-
Unis. Trop heureux encore sommes-nous lorsque
l'acquéreur est un collectionneur français! On croirait
à tort que nous exagérons ; cependant, c'est bien là ce
qui se passe sous nos yeux, dans les rues de Reims,
dans les villages voisins, à Cormontreuil notamment, où
nous venons de voir disparaître, en un instant, les
morceaux de sculpture que nous avions signalés récemm-
ment au Répertoire archéologique (1).

Les curiosités des rues font l'objet de vente entre
particuliers et nous ne pouvons que le regretter ; mais,
pour les statues de nos églises, la meilleure sauvegarde
pour elles c'est de les conserver en place dans leur
niche, sur leur socle traditionnel, au lieu consacré.
Elles y seraient encore de nos jours respectées, garan-
ties contre toute aliénation.

Le pire sort qui puisse leur arriver, c'est l'abandon
plus ou moins long sur le sol, sous les combles, dans un
angle du cimetière. Alors elles ne se défendent plus par
elles-mêmes, elles sont livrées à toutes les chances de
la destruction, du vol ou de la cession au brocanteur (2).

(1) *Répertoire archéologique des cantons de Reims*, 2ᵉ édition, 1891,
statue de saint Fiacre, deux statues de la Sainte Vierge, frag-
ment de corniche du xiiiᵉ siècle, joli bas-relief de la Renaissance,
p. 61, 69 et 70.
(2) Risques depuis longtemps signalés par tous les archéologues,
notamment par M. Ch. Givelet, dans les *Travaux de l'Académie
de Reims*, t. LXX, p. 362.

Un très ancien usage, constaté par les règlements et les ordres donnés dans les visites décanales, préservait jadis de ces outrages et de ces atteintes les statues vénérées, hors d'emploi, mutilées ou jugées inconvenantes pour divers motifs : on les mettait en terre sainte, elles avaient les honneurs de la sépulture au cimetière. Ce n'était pas une fin barbare, c'était un repos et un abri qui laissait quelque espoir à la résurrection (1).

Nul doute, il reste encore de vieilles statues, çà et là, sans valeur artistique, et nous ne voulons pas provoquer en leur faveur une admiration sans examen et sans un choix judicieux. Mais, pour exercer ce choix, il ne faut pas se prévaloir d'un goût personnel, d'un caprice d'amateur: il faut comparer la pièce avec d'autres modèles et surtout ne rien laisser se perdre à la légère. Des travaux, qui font autorité, ont éclairci la question des origines et des écoles de nos statuaires du moyen âge et de la Renaissance, même des temps plus récents, sur le terrain français et aussi sur le terrain champenois (2). Ce sont là des ouvrages que l'on ne saurait trop consulter pour discerner et apprécier le mérite de toute œuvre ancienne. Soyons donc fiers, en tous lieux, de nos richesses d'art, même des moindres spécimens. Ils deviennent si rares !

En ce qui concerne notre région, beaucoup moins

---

(1) Une statue de saint Jean-Baptiste apparut ainsi comme ayant été enfouie à fleur de terre, autour de l'église de Thillois, et fut rapportée, en 1893, dans l'intérieur au bas du mur du collatéral nord. (*Répertoire archéologique*, déjà cité, p. 40.)

(2) *La sculpture à Troyes et dans la Champagne méridionale au seizième siècle, étude sur la transition de l'art gothique à l'italianisme*, par R. Kœchlin et G. Marquet de Vasselot. *Paris*, A. Colin, 1900, gr. in-8° illustré de 116 figures de statues diverses.

riche que n'est la Champagne méridionale, nous dressons une liste indicative des anciennes statues d'une cinquantaine d'églises rurales du diocèse de Reims. Cette liste n'a nullement la prétention d'être complète et de signaler tout ce qui offre de l'intérêt et la plus grande valeur en ce genre de sculpture (1); il s'y trouve même sûrement des pièces d'ordre secondaire, dignes cependant d'attention et de soins parce qu'elles portent une date, une légende, ou qu'elles sont accompagnées de priants, de donateurs, d'attributs singuliers ou d'écussons d'une portée historique locale.

Nous parlons de ce que nous avons vu. Notre sollicitude s'est étendue à toute œuvre remarquable, depuis le moyen âge jusqu'à la fin du XVIIIᵉ siècle. En tout cas, après avoir examiné les statues indiquées, nous les notons en conscience comme dignes d'être maintenues à leur rang où d'y être remises promptement. Quelques-unes sont même marquées comme fugitives, comme victimes innocentes d'un exil immérité, dans l'espoir qu'on les retrouvera un jour et qu'elles remplaceront les figures banales qui ont peut-être usurpé un honneur dont elles n'étaient pas dignes (2).

(1) Dans son curieux rapport sur une visite des monuments de l'arrondissement de Reims en 1837, Didron, le célèbre archéologue, y fixait « la somme de huit cents statues, dont plus de deux cents, disait-il, sont remarquables sous le rapport de l'art, et quatre ou cinq cents curieuses pour l'histoire, la plupart décrites sur place ». Il citait seulement, dans son rapport, une admirable statue de sainte Macre, sans dire où elle se trouvait, une statue à Châtillon-sur-Marne, plusieurs groupes de sainte Anne et de la Vierge qui se retrouvent en beaucoup d'églises, types si intéressants en eux-mêmes. (*Travaux de l'Académie de Reims*, t. LXXXVIII, *Répertoire archéologique du canton d'Ay*, p. 327 à 329.)

(2) *Bulletin du diocèse de Reims*, nº du 20 octobre 1900, pp. 502 à 504. Variété : *L'industrie du carton pierre à l'Exposition*, par M. l'abbé

Ce classement, cet inventaire alphabétique par localités que nous publions en vue du bien général, n'est qu'un abrégé avant-coureur du Répertoire archéologique en voie de publication pour l'arrondissement de Reims. Il a pour but d'aller au plus pressé, de fixer les responsabilités d'une part, et, d'autre part, de renseigner les amis des arts plus nombreux qu'on ne pense dans nos campagnes. Les agents de la vente, il est vrai, pourront également se renseigner sur cette liste, mais ils trouveront bonne garde autour de l'œuvre signalée à l'attention de tous.

Il est inutile d'entrer dans le détail de ces indications avant d'en parcourir le relevé. Ce relevé, nous l'avons voulu sommaire pour ne pas fatiguer le chercheur, mais nous y ajoutons volontiers un renvoi à l'ouvrage descriptif de l'œuvre et à la planche qui l'a déjà reproduite. On trouvera ainsi, dans le répertoire du canton de Beine, des reproductions de la Vierge si délicate de Cernay-lès-Reims et du Saint-Caprais équestre de Nogent-l'Abbesse. La Vierge de Mailly a été aussi photographiée ainsi que celle de Saint-Lié, et nous voudrions que l'on vulgarisât partout, en cartes postales ou autrement, ces gracieuses figures qui offrent à Romain, à Saint-Gilles, à Cauroy-lès-Hermonville, à Caurel-lès-Lavannes, à Ormes, à Brimont, à Sillery, à Faverolles, à Bezannes, à Ventelay, à Magneux-lès-Fismes et bien ailleurs, une attraction et des souvenirs pleins de charmes à l'œil du visiteur. Il en a beaucoup disparu depuis un demi-siècle, celles qui restent n'en sont que plus précieuses.

RICHARD, vicaire de Saint-Ferdinand-des-Ternes à Paris, article spirituel qui blâme la banalité et la vulgarité des statues si répandues dans nos églises à la place des anciennes.

Naguère, nous plaidions la cause des vieux arbres, ces vétérans du règne végétal, pourquoi, aujourd'hui, ne prendrions-nous pas en mains la défense des vieilles statues, qui interprètent la foi et les mœurs de nos ancêtres, comme elles en reproduisent, pour ainsi dire, les traits et le costume? Une autre fois, ce sera le tour des retables, puis celui des vitraux, des cloches, des pierres tombales, des reliquaires et pièces d'orfèvrerie, et de tant d'autres vieilles choses qui ne veulent pas mourir encore.

Henri JADART.

Reims, le 8 avril 1905.

LISTE D'ANCIENNES STATUES
DES ÉGLISES RURALES

Ambonnay, grande statue de saint Jean-Baptiste, restaurée, en pierre, du xvɪᵉ siècle, contre la muraille au-dessus des fonts baptismaux, au bas du collatéral nord.

Asfeld, statue en pierre de la Vierge de Pitié, assise, au-dessus de l'autel de la chapelle Notre-Dame de Pitié, à l'extrémité du bourg, statue avec inscription gothique portant la date de 1604. (*Bulletin monumental*, 1889, p. 51, note 2.)

Attigny, statues de la sainte Vierge et de sainte Élisabeth, dans la scène de la Visitation, vocable de l'église, en avant du chœur, sur des consoles, œuvres de la fin du xvɪɪɪᵉ siècle, qui faisaient partie de la riche décoration du sanctuaire.

Avaux-le-Château, curieuse et grande statue debout de la sainte Vierge, en grès, du moyen âge, au-dessus de l'autel de la chapelle du nord ; — statue de saint Gorgon, du xvɪɪᵉ siècle, au-dessus de l'autel de la chapelle du sud.

Avenay, statue de saint Éloy, en bois, du xvɪɪᵉ siècle, reposant sur une console sculptée, ornée de trois roues et d'une herse, avec un écusson mutilé, dans la basse nef du nord ; — statues de saint Gombert et de sainte Berthe, en pierre, du xvɪɪᵉ siècle, aux côtés de l'autel latéral sud. (*Répertoire archéologique du canton d'Ay*, 1892, p. 95.)

Balham, trois statues, la sainte Vierge assise, sainte Barbe et sainte Catherine debout, avec leurs attributs, des xvᵉ et xvɪᵉ siècles, installées au-dessus de l'entrée du pittoresque porche en bois qui abrite sur la rue la porte du cimetière.

Barby, statues de la Vierge de Pitié, de saint Jean-Baptiste et de Saint Jean l'Evangéliste, en pierre, du xvɪᵉ siècle, provenant de l'ancienne église, dans la chapelle sud de la nouvelle église ; — statue de saint Hubert, en pierre, du xvɪᵉ siècle, à l'entrée de la nef ; — buste en marbre de Jean Gerson par Joseph Félon, envoi de l'État, 1884, dans la chapelle latérale de droite. *(Travaux de l'Académie de Reims,* t. LXVIII, pp. 230, 234 et 236.)

Bezannes, groupe de sainte Anne apprenant à lire à la sainte Vierge portant l'Enfant-Jésus, en pierre, du xviie siècle, naguère au bas du collatéral du sud, dans une niche de la muraille, reportée récemment dans le chœur. *(Répertoire archéologique des cantons de Reims,* 1891, p. 25.)

Brimont, grande statue de saint Remi, en pierre, du xvie siècle, décoration du temps, fixée à un pilier sur le côté du chœur.

Caurel-lès-Lavannes, groupe de sainte Anne et de la sainte Vierge tenant l'Enfant-Jésus, en pierre, du xvie siècle, sur une console à godrons du temps, dans une niche de la chapelle sud, à gauche de l'autel. — Dans le jardin du presbytère, statue en pierre, du xve siècle, de la sainte Vierge debout, tenant l'Enfant-Jésus portant un globe de la main gauche.

Cauroy-lès-Hermonville, grandes et belles statues en pierre, du xvie siècle, de saint Nicolas et de saint Nicaise, dans l'abside; et de la sainte Vierge, de sainte Anne et de saint Fiacre, au-dessus de l'autel de la chapelle latérale au sud.

Cernay-les-Reims, très précieuse statue de la sainte Vierge, debout, en marbre, du xive siècle, naguère au-dessus de la porte de la sacristie descendue récemment. *(Répertoire archéologique du canton de Beine,* 1900, p. 115, avec reproduction de la statue.)

Chaumuzy, grandes statues en pierre, des xive et xvie siècles, de la sainte Vierge, de saint Jean-Baptiste et d'un personnage indéterminé, la première en avant du chœur, les deux autres encore reléguées au bas de l'église. La statue de la Vierge, bien que restaurée, offre le plus beau caractère du moyen âge. Celle de saint Jean-Baptiste a un visage très expressif. Le personnage sans attributs de sainteté porte un costume de magistrat, robe longue rouge, boutonnée du haut en bas, larges manches. Il serait facile de disposer ces deux curieuses statues sur des socles, dans les chapelles ou sous le porche.

Cormicy, belle statue de la sainte Vierge, en pierre, placée au-dessus de l'autel sous ce vocable, dans le croisillon nord; — statue de sainte Julitte, en bois, du xviie siècle, sur une console, à gauche du maître-autel.

Cormontreuil, petite statue de la sainte Vierge, assise, du moyen âge, dans la chapelle latérale du sud ; — statue de saint André, en pierre, du moyen âge, au-dessus du portail ; — statue de saint Hubert, en pierre, dans la nef, sur une console ; — statue de saint Fiacre, disparue récemment. (*Répertoire archéologique des cantons de Reims*, 1900, p. 61.)

Coulommes-en-la-Montagne, statue de la sainte Vierge, assise, du moyen âge, dans la basse nef du sud, et autres statues naguère dans les combles, remises dans l'église.

Courcy, grande statue de saint Hippolyte, debout, en costume de guerrier, du XVIIe siècle, dans la chapelle du nord.

Dontrien, belle statue de la sainte Vierge, en pierre, du moyen âge, debout, tenant l'Enfant-Jésus qui joue avec un oiseau, en dépôt dans le jardin du presbytère (1900), digne d'être replacée dans l'église ; — statue de saint Laurent, aussi en pierre, du XVIe siècle, même endroit, même observation. (*Répertoire archéologique du canton de Beine*, 1900, p. 142.)

Faverolles, curieuse statue équestre de saint Hippolyte, costume de chevalier, en pierre, du XVe siècle, placée dans la basse nef du nord, sur un socle contre la muraille.

Fismes, statue de sainte Macre (restaurée), dans la chapelle sous son vocable, au croisillon nord, œuvre du moyen âge probablement ; — autre statue de la même sainte, du XVIIe ou XVIIIe siècle, sur une console dans la nef, en avant de l'arc triomphal. — Autres anciennes statues conservées au presbytère (1888).

Hautvillers, statue de sainte Hélène, en pierre, du XVIIe siècle, au maître-autel ; — sur la droite de cet autel, statue de saint Jean-Baptiste, en marbre, œuvre de Tabacchi, de Turin, 1878. (*Répertoire archéologique du canton d'Ay*, 1892, p. 210.)

Igny-l'Abbaye, magnifique statue de la sainte Vierge, debout, du XIIIe siècle, en pierre, transférée à Reims vers 1876, et déposée actuellement dans le vestibule du palais archiépiscopal.

Le Thour, deux grandes et belles statues d'anges encensant, en bois, du XVIIe ou XVIIIe siècle, sur les côtés du maître-autel, provenant, dit-on, de l'abbaye de la Valroy.

Louvois, curieux groupe en bois, du XVIe siècle, représentant la Sainte Trinité, sur une console au mur du fond du chevet, sur le côté droit du maitre-autel. *(Répertoire archéologique du canton d'Ay*, 1892, p. 245.)

Ludes, statue de la sainte Vierge, en pierre, du moyen âge, assise sur un siège en forme d'X, placée dans une niche à l'extérieur près de la porte latérale ; — à l'intérieur, grandes statues en pierre de la sainte Vierge, de saint-Jean-Baptiste et de saint François d'Assise, au-dessus du beau retable de l'autel principal, datant du xviiᵉ siècle.

Magneux-les-Fismes, statues de la sainte Vierge et de saint Jean l'Évangéliste, en pierre, du xviᵉ siècle, au sommet du tres précieux retable qui surmonte le maitre-autel ; statue de sainte Restitue, récemment disparue.

Mailly, précieuse statue de la sainte Vierge, assise, du moyen âge, en pierre, sur l'autel latéral de la chapelle du sud. La Vierge tient une grappe de raisin et l'Enfant un chapelet. Cette œuvre fut restaurée vers 1890.

Marfaux, statue de grandeur naturelle d'un personnage debout, tête nue, grande barbe, robe largement drapée, les mains mutilées, sans signe caractéristique actuellement, mais œuvre remarquable de sculpture du xviᵉ siècle, à sauvegarder sur un socle, mieux qu'elle ne l'est à terre, au coin de l'autel de la chapelle latérale du nord. Cette église possède d'autres statues mutilées ; elle conserve, à l'extérieur de l'abside, des modillons à figures très remarquables de l'époque romane.

Montbré, cinq remarquables statues en pierre, du moyen âge, dont quatre placées au-dessus du retable si précieux de la chapelle latérale du sud: saint Remi, sainte Barbe, la Vierge assise, saint Éloy, et saint Jean-Baptiste, près des fonts baptismaux. — Une description fidèle vient d'en être donnée par l'un des plus vigilants gardiens de nos œuvres d'art, M. l'abbé Chevallier, curé de Montbré, dans l'*Almanach-Annuaire de la Marne, de l'Aisne et des Ardennes*, 1905, p. 358.

Nogent-l'Abbesse, très intéressante statue équestre en bois, dite de saint Caprais, du xvᵉ siècle, repeinte, sur une console à droite de l'entrée du chœur. *(Répertoire archéologique du canton de Beine*, 1900, p. 207, avec reproduction de la statue.)

Ormes, très intéressantes statues de la sainte Vierge, de sainte Barbe, de sainte Catherine et de saint Remi, en pierre, des xve et xvie siècles, dans les chapelles latérales. *(Répertoire archéologique des cantons de Reims,* 1900, p. 34.)

Prunay, possédait une fort belle Vierge assise, en pierre, du moyen âge, qui avait été transportée à Reims, par M. H. Bulteau, peintre-verrier et sculpteur, et fut vendue après son décès avec ses autres curiosités en 1895. *(Répertoire archéologique du canton de Beine,* 1900, p. 278, note 3.)

Renneville, statues en bois, du xvie siècle, provenant de l'ancienne poutre de l'arc triomphal, et trois autres statues en bois, mises en réserve dans le bas d'une tourelle. *(Revue de Champagne et de Brie,* 1900, p. 193.)

Romain, grande et fort belle statue de la sainte Vierge, debout, en pierre, du moyen âge, sur l'autel de la chapelle latérale du nord.

Rosnay, la nef de l'église garnie de statues anciennes remises sur des consoles ; — statue de saint Jean-Baptiste, en pierre, du moyen âge, dans la chapelle des Fonts, au bas du collatéral sud.

Saint-Germainmont, statue de la sainte Vierge, en pierre, datée de 1581, avec le donateur agenouillé, placée naguère sur une console au-dessus de la porte de la sacristie, descendue en 1899, et reléguée dans un débarras au presbytère. *(Revue de Champagne et de Brie,* 1899, p. 659.) Mérite d'être replacée dans l'église, ne fut-ce que comme souvenir historique.

Saint-Gilles, statue de la sainte Vierge, debout, de la fin du xve siècle ou du début du xvie siècle ; — très curieuse statue de saint Gilles, abbé, avec une biche dressée contre lui, dans la chapelle du sud.

Saint-Hilaire-le-Petit, plusieurs anciennes statues disposées le long des murs des basses nefs, des xvie et xviie siècles, dont une fort intéressante de sainte Agathe, tenant une tenaille avec son sein arraché, et datée de 1598. *(Répertoire archéologique du canton de Beine,* 1900, p. 289.)

Sarcy, belle statue de la sainte Vierge, en pierre, du moyen âge, au-dessus de l'autel placé sous ce vocable.

Selles, statue de saint Jean-Baptiste, en pierre, reposant sur un piédestal en bois sculpté d'un assez beau travail, placée dans le sanctuaire ; — groupe en bois de saint Martin à cheval, coupant son manteau pour un pauvre, avec la date de 1546, au-dessus du portail, à l'intérieur. *(Répertoire archéologique du canton de Beine,* 1900, p. 352 et 353.)

Sept-Saulx, statues de sainte Anne et de sainte Barbe, en bois, du xvie siècle, posées sur le bas des fenêtres de l'abside ; — belle Vierge gothique, assise dans un fauteuil flamboyant, en pierre, déposée sur le sol de l'abside, et bien digne d'être replacée sur une console.

Sermiers, très expressive statue du Christ, dit *Ecce homo,* en pierre du xvie siècle, avec une inscription de 1566 au-dessous, naguère sous une niche, près de l'autel latéral sud, maintenant reléguée au bas de l'église ; — statue de saint Sébastien, en bois, du xviie siècle, sur une console dans l'abside ; — statues de la Vierge dite *Pieta,* en pierre, du xviie siècle, en mauvais état, au bas de l'église. *(Revue de Champagne et de Brie,* 1900, p. 845 à 848.)

Sévigny-Waleppe, statue de saint Georges, à cheval, du xvie siècle, en pierre, dans la chapelle du sud, au-dessus du confessionnal ; — statue de saint Leu ou saint Loup, patron de la paroisse, du xvie siècle, au-dessus de la porte latérale sud, à l'extérieur.

Sillery, grande statue de saint Remi, en pierre, du xvie siècle, au-dessus de l'autel placé sous ce vocable dans le collatéral nord ; — statue de la Vierge de Pitié, en pierre, au-dessus du portail, à l'intérieur, actuellement masquée par un tableau.

Taissy, statue de saint Hubert, en pierre, portant la date de 1571 et le nom du saint, avec écusson de la famille Grossaine au cou du cerf miraculeux, replacée sur une console à gauche de l'arc triomphal ; — autres statues dans la nef. *(Répertoire archéologique des cantons de Reims,* 1891, p. 80.)

Thillois, belle statue de la sainte Vierge, du moyen âge, assise sur un siège en forme d'X, présentant l'Enfant-Jésus, dans une niche du retable de l'autel principal ; — sur les cotés, statues de saint Loup et de saint Hubert, en bois, du xviie siècle. *(Répertoire archéologique des cantons de Reims, 1891, p. 41.)*

Trépail, singulière statue de saint Cucuphat, debout, en pierre ou en terre cuite (?), du xviie siècle, sur l'autel de la chapelle du nord. *(Almanach-Annuaire de la Marne, de l'Aisne et des Ardennes, 1897, p. 160.)*

Trois-Puits, statue de la sainte Vierge, en pierre, debout, repeinte, du xvie siècle, sur l'autel de la chapelle latérale. *(Répertoire archéologique des cantons de Reims, 1891, p. 94.)*

Vaudesincourt, statue de saint Remi, en pierre, du xvie siècle, dans l'église ; — et, au cimetière, statue de la sainte Vierge, en pierre, du xive siècle. *(Répertoire archéologique du canton de Beine, 1900, p. 365 et 367.)* Cette dernière, nous l'espérons, sera réintégrée dans l'église à la suite d'une tentative de vente en 1905.

Ventelay, statue de saint Hubert, en pierre, du xvie siècle, avec la décoration du temps et un écusson placé au-dessus de l'autel sous ce vocable, dans la chapelle latérale du nord.

Villedommange, chapelle de Saint-Lié, sur la montagne, très belle statue de la sainte Vierge en haut relief, au-dessus de la porte extérieure de cette chapelle, en pierre, de la fin du xve siècle, surmontée d'un dais moderne ; — statues de la sainte Vierge, de saint Jean-Baptiste, de saint Lié, et d'autres saints à l'intérieur. *(Travaux de l'Académie de Reims, t. LXX, p. 326 et 327).*

Villers-Allerand, statues de la sainte Vierge et de sainte Agathe, en bois, du xviie ou xviiie siècle, de bon modèle, sur des gaines de même style, des deux côtés du maître-autel, dans des niches ornées de pilastres de marbre.

Ville-sur-Retourne, statue d'une Vierge à l'extérieur, sur le joli portail Renaissance ; — statue équestre de saint Martin coupant son manteau à un pauvre, à l'intérieur, au sommet du chevet et au-dessus du maître-autel, groupe intéressant du xvie siècle ou du commencement du xviie.

Warcq, deux curieuses statues en pierre, du moyen âge, de saint Jean-Baptiste et d'un autre saint indéterminé, avec leurs attributs, fixées à des piliers de la nef.

Imprimerie de l'Académie de Reims, rue Pluche, 24. (3635)

Extrait du tome CXVII

DES TRAVAUX DE L'ACADÉMIE DE REIMS.

Tirage à part à 50 exemplaires.

187